26 Juin 1910

VENTE
Du Samedi 25 Juin 1910
HOTEL DROUOT, SALLE N° 1
A 2 HEURES

marqué

Tableaux Anciens

ET MODERNES

AQUARELLES, PASTELS, DESSINS

GRAVURES

COMMISSAIRE-PRISEUR
Me F. LAIR-DUBREUIL

EXPERTS
MM. PAULME & B. LASQUIN Fils

CATALOGUE

DES

Tableaux Anciens

ET MODERNES

Par ou attribués à

APPERT, BARRIAS (F.), BRIDGMAN, BONNINGTON, BOUT, CHATELET, DEMARNE, GERICAULT, GIORDANO (LUC), GORP (VAN), HOPPENBRAUER, JEAURAT, LE NAIN, LOO (VAN), MEULEN (VAN DER), MICHEL, MOMMERS, MONNOYER, MULLER, ROBERT-FLEURY, ROZIER, SAVERY, SCHALKEN, VERNET (JOSEPH)

Et des Écoles

ANGLAISE, FLAMANDE, FRANÇAISE ET HOLLANDAISE

Aquarelles — Pastels — Dessins

Par

BELLANGÉ (H.), BOILLY, CRAPELET, ERNST, GARNERAY, ISABEY, RIESENER, VERNET (H.), WATTEAU (A.), ETC.

GRAVURES

Dont deux superbes épreuves de la Foire au Village et de la Noce au Village D'après TAUNAY

MINIATURE, par AUGUSTIN

DONT LA VENTE AUX ENCHÈRES PUBLIQUES AURA LIEU

HOTEL DROUOT, SALLE N° 1

Le SAMEDI 25 JUIN 1910, à 2 heures

COMMISSAIRE-PRISEUR	EXPERTS
Me F. LAIR-DUBREUIL	**MM. PAULME et B. LASQUIN Fils**
6, rue Favart	10, rue Chauchat | 11, rue Grange-Batelière

EXPOSITION PUBLIQUE

Le Vendredi 24 Juin 1910, de 2 heures à 6 heures

CONDITIONS DE LA VENTE

Elle sera faite au comptant.

Les adjudicataires paieront *dix pour cent* en sus des enchères.

L'exposition mettant le public à même de se rendre compte de l'état et de la nature des objets, aucune réclamation ne sera admise une fois l'adjudication prononcée.

Paris — Imp. de l'Art, Ch. Berger, 41, rue de la Victoire

DÉSIGNATION

TABLEAUX

APPERT (E.)

1 — *Vase sur un piédestal en pierre, chargé de fleurs.*

Toile. Signée.

BARRIAS (F.)

2 — *Scènes populaires et villageoises d'Espagne et d'Italie.*

Douze dessus de portes.
Toiles dans des encadrements dorés.

BRIDGMAN

3 — *Ars Dramatis.*

Grand panneau décoratif.

BONNINGTON

4 — *Le Duc d'Orléans présentant sa maîtresse au Duc de Bourgogne.*

Toile.

BONNINGTON (D'après Rubens)

5 — *Portrait de Marie de Médicis.*

Toile.

BOUT (Attribué à Pierre)

6 — *Incendie de Village.*

Panneau.

CHATELET

7 — *Paysage montagneux.*

Deux pendants.
Toiles signées et datées.

DEMARNE (Attribué à)

8 — *Le Passage du Gué.*

Toile.

GÉRICAULT (Attribué à)

9 — *Académie d'Homme.*

Toile.

GIORDANO (Luc)

10 — *Nymphe endormie.*

Grande toile.

GIOTTO (Genre de)

11 — *La Vierge et l'Enfant Jésus.*

Panneau cintré dans le haut.

GORP (Van)

12 — *Le Retour du Hussard.*
Toile.

GREUZE (D'après)

13 — *Scène d'intérieur.*
Toile.

HOBBÉMA (École de)

14 — *Paysage avec rivière et personnages.*

HOPPENBRAUER

15 — *Paysage d'hiver en Hollande.*
Petit panneau. Signé.

JEAURAT

16 — *L'Enfant au cerf-volant.*
Toile.

LE NAIN

17 — *Le Vannier. — Le Chemineau.*
Deux pendants sur panneaux.

LOO (Van)

18 — *Tête de Nègre.*
Toile.

MEULEN (Attribué à Van der)

19 — *Bataille.*

Cuivre.

MICHEL (Attribué à G.)

20 — *Paysage, chemin creux.*

Toile.

MOMMERS

21 — *La Traite des Chèvres.*

Toile.

MONNOYER (Attribué à B.)

22 — *Vases enguirlandés et chargés de fleurs.*

Deux grandes toiles décoratives faisant pendants.

MULLER

23 — *La Femme au tub.*

Toile.

ROBERT-FLEURY (Joseph-Nicolas)

24 — *Portrait de Jeune Fille en buste.*

Toile.

ROZIER (Jules)

25 — *Paysage, lisière de forêt.*

Panneau.

SAVERY (Roland)

26 — *Lion et lionne dans un paysage.*
Panneau.

SCHALKEN (Attribué à)

27 — *Deux femmes dans un intérieur, l'une cousant, l'autre occupée à préparer le repas.*
Toile.

TOCQUÉ (D'après)

28 — *Portrait de Louis Phelypeaux, Comte de Saint Florentin.*
Gravure en noir, par Wille.
Cadre ancien en bois sculpté.

VERNET (Attribué à Joseph)

29 — *Paysage maritime avec pêcheurs.*
Toile.

ÉCOLE ANCIENNE

30 — *Personnages et Enfants dans un paysage.*

ÉCOLE ANCIENNE

31 — *Sainte Madeleine.*

ÉCOLE ANGLAISE

32 — *Portrait d'Homme en habit rouge.*
Toile. Cadre ancien en bois sculpté.

ÉCOLE FLAMANDE

33 — *Intérieur de tabagie.*

Panneau.

ÉCOLE FLAMANDE

34 — *Daniel dans la fosse au lion.*

Toile.

ÉCOLE FLAMANDE

35 — *Les Tricheurs.*

Panneau.

ÉCOLE FLAMANDE (XVIIe siècle)

36 — *Portrait d'Homme à col blanc.*

Toile.

ÉCOLE FLAMANDE

37 — *Paysage avec figures et habitations.*

ÉCOLE FLAMANDE

38 — *Portrait d'Homme à collerette blanche.*

ÉCOLE FLAMANDE (XVIe siècle)

39 — *Sainte Famille.*

Panneau.

ÉCOLE FRANÇAISE

40 — *Portrait d'Homme en redingote noire et chemise à jabot.*

ÉCOLE FRANÇAISE

41 — *Deux Bustes de Vieillards.*

ÉCOLE ANGLAISE

42 — *Petit Paysage.*

Panneau.

ÉCOLE FRANÇAISE

43 — *Danse champêtre.*

Petit panneau.

ÉCOLE FRANÇAISE

44 — *Paysage avec Amours.*

100 Toile à vue ovale.

ÉCOLE FRANÇAISE

45 — *Portrait d'Enfant les mains jointes.*

Toile.

ÉCOLE FRANÇAISE

46 — *Jeune Femme nue, couchée sur un lit de*
470 *repos dans un intérieur.*

Toile.

ÉCOLE FRANÇAISE

47 — *Le Tir à l'arc. — Réunion de Famille.*

Deux grands fixés sous verre.

ÉCOLE FRANÇAISE

(Commencement du XIXe siècle)

48 — *Sujet allégorique.*

Toile.

ÉCOLE FRANÇAISE (XIXe siècle)

49 — *Les Arts : Allégories.*

Huit petites études peintes sur la même toile.

ÉCOLE FRANÇAISE (XIXe siècle)

50 — *Figures allégoriques.*

Six études peintes de forme ronde, sur la même toile.

ÉCOLE FRANÇAISE (1830)

51 — *Portrait d'Homme en habit noir et cravate blanche.*

Toile.

ÉCOLE FRANÇAISE (1830)

52 — *Portrait de Femme en robe de satin.*

Toile.

ÉCOLE FRANÇAISE (xviiie siècle)

53 — *Portrait d'un Bibliothécaire.*

ÉCOLE FRANÇAISE (xviiie siècle)

54 — *Pastorale.*

Panneau.

ÉCOLE FRANÇAISE (xviiie siècle)

55 — *L'Espiègle.*

Toile.

ÉCOLE FRANÇAISE (xviiie siècle)

56 — *Portrait de Femme en vestale.*

Toile.

ÉCOLE FRANÇAISE (xviiie siècle)

57 — *Sujet biblique.*

Toile.

ÉCOLE FRANÇAISE (xviiie siècle)

58 — *Portrait d'Homme, vêtu d'un habit rouge.*

Toile. Cadre ovale en bois sculpté.

ÉCOLE FRANÇAISE (xviiie siècle)

59 — *Jeune Femme assise dans un parc.*

Toile.

ÉCOLE FRANÇAISE (XVIIIe siècle)

60 — *Cuisinière nettoyant un chaudron.*

Panneau.

ÉCOLE FRANÇAISE (XVIIe siècle)

61 — *Portrait du Grand Dauphin enfant.*

Petite peinture sur panneau.

ÉCOLE FRANÇAISE (XVIIIe siècle)

62 — *La Cueillette des fruits, réunion galante dans un jardin avec escalier et terrasse.*

Toile. Cadre Louis XV en bois sculpté et doré.

ÉCOLE FRANÇAISE (XVIIIe siècle)

63 — *Nature morte.*

Faisans, canards, perroquets, fruits, légumes, dans un parc près d'un mur.

Toile.

ÉCOLE FRANÇAISE (XVIIIe siècle)

64 — *Pastorale.*

Peinture sur carton rond. Cadre en bois sculpté.

ÉCOLE FRANÇAISE (XVIIIe siècle)

65 — *Famille de paysans.*

Grisaille sur toile.

ÉCOLE FRANÇAISE (XVIIIe siècle)

66 — *Pastorale.*

Toile.

ÉCOLE FRANÇAISE (XVIIe siècle)

67 — *Portrait de Femme.*

Petite toile ovale.

ÉCOLE FRANÇAISE (XVIIe siècle)

68 — *Tête de Christ.*

Panneau.

ÉCOLE FRANÇAISE (XVIIIe siècle)

69 — *Enfant nu.*

Étude.
Panneau.

ÉCOLE FRANÇAISE (XVIIIe siècle)

70 — *Cassolettes enguirlandées de fleurs.*

Deux toiles faisant pendants, en forme de dessus de portes.

ÉCOLE HOLLANDAISE

71 — *Paysage avec troupeau et chaumière.*

Panneau.

ÉCOLE HOLLANDAISE

72 — *Paysage et animaux.*

Petit panneau.

ÉCOLE ITALIENNE

73 — *Saint Sébastien.*

Toile.

ÉCOLE ITALIENNE

74 — *Portrait d'Acteur.*

Toile.

ÉCOLE ITALIENNE

75 — *Adam et Ève.*

Grisaille sur panneau.

ÉCOLE ITALIENNE

76 — *Ève. — Atalante.*

Deux panneaux.

ÉCOLE ITALIENNE

77 — *Paysage avec troupeau.*

Peinture sur métal.

ÉCOLE ITALIENNE

78 — *Le Camp de Balthazar.*

Toile.

ÉCOLE ITALIENNE

79 — *Paysage avec grands arbres et habitations.*

Grande toile.

ÉCOLE ITALIENNE

80 — *Sujet biblique.*

Toile.

ÉCOLE MODERNE

81 — *Femme nue dans un paysage.*

Toile.

ÉCOLE MODERNE

82 — *Dunes et pleine mer.*

Toile et panneau.

ÉCOLE MODERNE

83 — *Intérieur de parc,* par E. Charmy.

Toile.

ÉCOLE MODERNE

84 — *Cheval de course.*

ÉCOLE MODERNE

85 — *La Vierge et l'Enfant Jésus.*

D'après les Primitifs.

DIVERS

86 — *Portrait de Femme. — Portrait d'Enfant dans un jardin et Sujet mythologique dans un paysage.*

Trois toiles.

87 — *Paysage, chiens, figures, etc.*

Six études peintes.

88 — *Centaure.*

Fresque antique.

89 — Sous ce numéro, cinq toiles : Paysages, Portraits, etc.

AQUARELLES

PASTELS, DESSINS

BELLANGÉ (H.)

90 — *Il s'est assis là ! grand'mère.*

Aquarelle gouachée.

BOILLY (L.)

91 — *L'Amour conjugal.*

Dessin au crayon noir.

CARRIER-BELLEUSE

92 — *Projet de jardinière.*

Dessin rehaussé.

CHARLET ET JULIEN

93 — Trois dessins au crayon et aquarelle, dont deux pour l'*Histoire de Napoléon Ier*.

CRAPELET

94 — *Paysage.*

Petite aquarelle. Signée.

Et un dessin à la sépia de l'école italienne.

DONGEN

95 — *Paysages de Hollande, avec personnages et troupeaux.*

Cinq grandes aquarelles. Signées et datées : *1801.*

ÉCOLE FRANÇAISE

96 — *Portrait de Femme.*

Pastel ovale.
Cadre en bois sculpté ancien.

ÉCOLE FRANÇAISE

97 — *Jeune Femme aux colombes.*

Pastel ovale.

ÉCOLE FRANÇAISE

98 — *Portrait de Femme.*

Pastel.

ÉCOLE FRANÇAISE (XVIIIe siècle)

99 — *Buste de Femme.*

Dessin au crayon et lavis.

ÉCOLE ITALIENNE

100 — *Choc de Cavalerie.*

Dessin.

ECOLE ITALIENNE (XVIIe siècle)

101 — *Vierge et deux anges.*

Trois dessins à la plume lavés de sépia, dans un cadre Louis XVI en bois doré.

ÉCOLE MODERNE

102 — *Paysage, chemin longeant un mur.*

Dessin.

ERNST (R.)

103 — *Indien et lion dans un paysage.*

Aquarelle.

GARNERAY

104 — *Portrait de Madame de Saint-Aubin.*

Dessin aquarellé.
Cadre ovale ancien en bois sculpté.

ISABEY (J.-B.)

105 — *Portrait d'Artiste.*

Dessin aux crayons noir et blanc rehaussé de gouache.

ISABEY (J.-B.)

106 — *Portrait de Femme assise, les mains dans un manchon.*

Dessin au crayon noir.

LOO (Carle Van)

107 — *Portrait de l'Artiste.*

Dessin au crayon noir. Signé.

NATTIER (École de)

108 — *Portrait de Mlle Louise Henriette de Bourbon Conti.*

Pastel.

RIESENER

109 — *L'Amour et Psyché.*

Aquarelle gouachée. Signée.

VERNET (Horace)

110 — *Cavalier oriental.*

Aquarelle. Signée.

WATTEAU (D'après)

111 — Feuille d'éventail à la gouache et petit dessin à la sépia.

WATTEAU (Antoine)

112 — *Étude d'Homme agenouillé.*

Dessin au crayon noir et sanguine.

113 — Frise peinte sur papier au lavis. Travail japonais.

114 — *Personnage japonais.*

Dessin aquarellé.

GRAVURES

BARTOZZI

115 — *Miss Brunton. — George Anne Bellamy.*

Deux petites gravures anglaises.

La Vertu irrésolue — et une petite gravure à la sanguine.

BOUILLON (D'après)

116 — *Jugement de Marie-Antoinette*, gravure en couleur par CAZENEUVE, et deux reproductions de gravures, d'après C. VERNET.

CARÊSME (D'après)

117 — *Le Portrait chéri.*

Gravure en couleur, par JUBIER.

DECOENE (D'après)

118 — *Un Vendredi.*

Gravure.

ÉCOLE FLAMANDE (XVIIe siècle)

119 — *Jeux de quilles.*

Panneau. Cadre en bois sculpté ancien.

JORDAENS (D'après)

120 — *Le Concert de famille après le repas*, gravure, et une petite gravure : *Kermesse*, d'après TENIERS.

LANCRET (D'après N.)

121 — *Le Jeu des quatre coins. — Le Jeu de cache-cache mitoulas.*

Deux gravures en noir, par DE LARMESSIN.

ROBERT (D'après H.)

122 — *Jardin de la Villa Médicis.*

123 — *Ruine du palais du Pape Jules.*

Deux gravures anciennes en couleur, par JANINET.

SMITH

124 — *The Merry Story.*

Gravure anglaise.

TAUNAY (D'après)

125 — *Foire de Village. — Noce de Village.*

Deux estampes imprimées en couleur, par DESCOURTIS.

Superbes épreuves du premir tirage avec les armes. Petite marge.

WATTEAU (D'après)

126 — *Les Délassements de la guerre. — Détachement faisant halte. — Les Fatigues de la guerre. — Recrues allant rejoindre le régiment.*

Quatre gravures, par THOMASIN, SCOTIN et COCHIN.

127 — *Le Souffle du zéphir. — To the Right Honble George Henry Lee.*

Deux gravures lithographies, d'après FELON et RUBENS.

128 — *Portrait d'Officier.*

Gravure.

129 — *Le Château de Blois.*

Gravure par SULPIS, et un cadre.

130 — Sous ce numéro, vingt-cinq gravures ou dessins encadrés.

MINIATURE

AUGUSTIN

131 — *Portrait du Marquis de Dreux-Brezé.*

Grande miniature ovale. Signée et datée *1830*.

www.ingramcontent.com/pod-product-compliance
Ingram Content Group UK Ltd.
Pitfield, Milton Keynes, MK11 3LW, UK
UKHW020533180726
13839UKWH00005B/2478

9 782329 544069